# Brian Gagg

# „Corona geht viral!"
## Das Corona Witzebuch

An alle Youtuber und andere die gerne die Witze dieses Buches in ihren Videos oder anderen Veröffentlichungen verwenden möchten: Es ist erlaubt bis zu 15 Witze bzw. Bilderwitze dieses Buches pro eigenes Veröffentlichungsprojekt z.B. Video oder anderes Buch zu verwenden unter Nennung und Angabe der Quelle direkt vor oder unter der verwendeten Witze:
„Corona geht viral" Das Corona Witzebuch von Brian Gagg.

Bibliografische Information der Deutschen Nationalbibliothek:
Die Deutsche Nationalbibliothek verzeichnet diese Publikation in der Deutschen Nationalbibliografie; detaillierte bibliografische Daten sind im Internet über http://dnb.dnb.de abrufbar.
© 2020 Brian Gagg; 1. Auflage
Texte und Illustrationen: **Brian Gagg**
Herstellung und Verlag: BoD – Books on Demand, Norderstedt
ISBN: **9783750487963**

Es gibt eine offizielle Anfrage von Berlin an China, ob die Arbeiter, welche das Krankenhaus in Wuhan gebaut haben, nicht auch den BER Flughafen fertigstellen könnten. Aber Wuhan hat abgelehnt, da es sich nicht lohnt, die Arbeiter für nur einen Vormittag nach Berlin zu schicken.

Und das war ja klar! Da bestelle ich mir eine tolle Uhr aus China und was ist schneller da?
Das Coronavirus!

Eine gute Sache gibt es ja mit dem Corona Virus, man hört nichts mehr von Greta.

Sitznachbarn im Flugzeug die sich gerade näher kennenlernen:

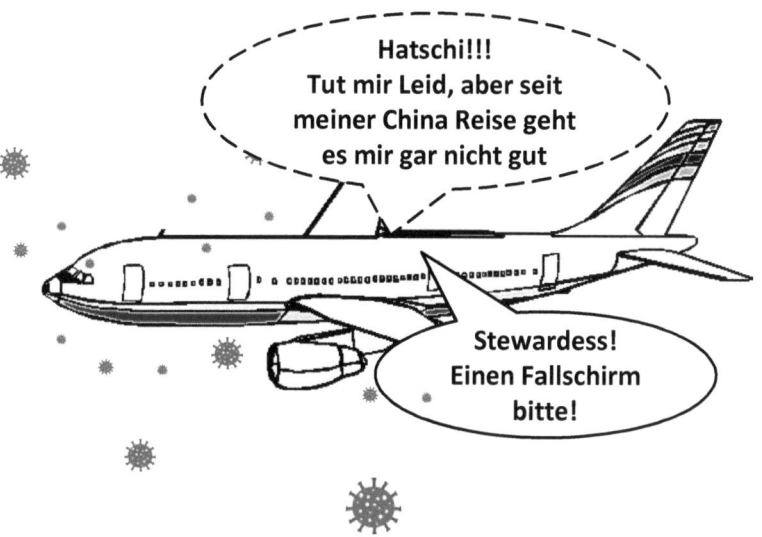

Ich: „Meine Frau flippt in der Panikmache um den Corona Virus völlig aus. Was kann man da machen?" Meine innere Amazon Stimme: „Kauf ihr eine Mundschutzmaske."

Alle Kinder spielen draußen, außer Mona die hat Corona.

Peter liegt mit einer schweren Verlaufsform einer Corona Infektion im Krankenhaus. Im Nebenbett liegt jemand, der permanent laut stöhnt und den Anschein macht, dass es mit ihm langsam zu Ende geht. Peter ruft die Krankenschwester und fragt diese: „Sagen sie mal, meinem Bettnachbar geht es wirklich sehr schlecht. Der macht es nicht mehr lange. Wäre es nicht besser ihn in das Sterbezimmer zu verlegen?" Darauf die Krankenschwester: „Da ist er doch schon."

NEWS **** NEWS **** NEWS
98% aller Neuinfektionen passieren während des Anstehens an den Kassen bei Lidl, Kaufland, Aldi & Co. Die Quintessenz: Hamsterkäufe können tödlich enden!

Neueste Nachrichten aus Italien:
„72 Personen wurden in einem Bordell wegen Verdacht auf Corona Infektion für zwei Wochen unter Quarantäne gesetzt. Niemand darf während dieser Zeit das Etablissement verlassen."
Erkläre das mal deiner Ehefrau oder dem Arbeitgeber!

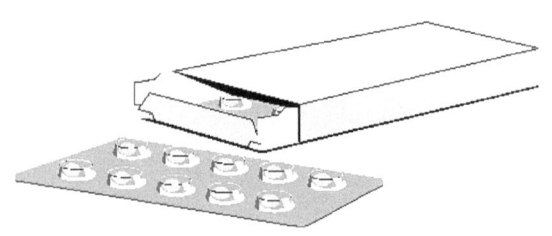

Die Pharmazie hat sofort auf die Corona Pandemie reagiert und entsprechende Medikamente auf den Markt gebracht:

**Coronax Ratiopharm**
Ein Schmalspur-Psychoidiotikim gegen Anfälle von Hamsterkäufe und Waschzwänge.

20 Filmtabletten für nur 18,99€!

**Coronax Globuli Ratiopharm**
Ein placeboides Psychosenabsurdus gegen Panikmache und hysterische Wahrnehmung von ansteigenden Infektionsraten.

1 Pillendose (100 Stück) für nur 77,99€!

Wie die mexikanische Regierung reagiert hat, als das Corona Virus die USA erreicht hat?
„Wir bauen die Mauer!!"

„Und", fragt der Arzt den Patienten mit der Corona Infektion, „wie geht es ihnen denn heute?"
Darauf der Patient: „Schon viel besser, nur das Atmen fällt mir noch schwer.".
Darauf wieder der Arzt: „Das kriegen wir auch noch weg."

Die blonde Patientin leidet unter einer Corona Infektion. Im Gespräch mit dem Arzt schildert diese noch ein weiteres Syndrom: „Und da ist noch dieser Schmerz immer dann, wenn ich Kaffee trinke." Darauf der Arzt: „Sie sollten mal in Erwägung ziehen, vor dem Trinken, den Löffel aus der Tasse zu nehmen."

 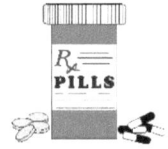

Arzt: „Sie haben das Corona Virus."
Patient: „Um Himmels Willen, was kann man denn dagegen machen?"
Arzt: „Ich verschreibe ihnen Tabletten."
Patient: „Und dann werde ich wieder gesund?"
Arzt: „Das nicht, aber sie haben zumindest keine Nebenwirkungen."

Der Arzt zum Patienten: „Ich habe zwei Nachrichten für sie. Die Erste lautet: Sie haben sich mit dem Corona Virus infiziert." Darauf der Patient: „Das ist ja schrecklich! Und was ist die andere Nachricht?", darauf wieder der Arzt: „Sie leiden unter Alzheimer!". Erwidert der Patient: „Na ein Glück – wenigstens keine Corona Infektion!"

Der Patient ist in Behandlung bei einem Arzt wegen seiner Corona Infektion. Bei der letzten Untersuchung stellt der Arzt fest: „Das ist ja prima, sie sind wieder gesund! Liegt das daran, dass sie sich genau an die Vorschriften zur Medizineinnahme gehalten haben?" Antwortet der Patient: „Ja, ich denke schon." Der Arzt wieder: „Und was stand auf der Verpackung?" darauf wieder der Patient: „Flasche immer fest verschlossen halten."

Bei Herrn Meier wurde eine Corona Infektion diagnostiziert. Besorgt fragt er den Arzt: „Und, wird die Behandlung sehr teuer werden?" Darauf der Arzt: „Das Problem können sie getrost ihren Erben überlassen."

Der Arzt zur Patientin, die durch das Corona Virus Atemprobleme bekommen hat: „Und, haben sie meinen Rat befolgt und nachts über das Fenster offengelassen?" Darauf die Patientin: „Ja, habe ich." Dann fragt wieder der Arzt: „Und sind ihre Atemprobleme verschwunden?" Darauf wieder die Patientin: „Leider nein, dafür aber mein Ipad, meine Halskette und meine teure Uhr."

Blick in die Zukunft:

Ebay Kleinanzeige:
Tausche Desinfektionssprühdose (Haltbarkeit 2018 abgelaufen), noch halb voll, gegen 10kg Kartoffeln und 20 Dosen mit Bohnen.

Fragt die Frau erstaunt ihren Mann, der mitten am Tag ein Bad nimmt: „Warum badest du denn mitten am Tag? Das machst du doch sonst nie." antwortet der Mann: „Ich war gerade beim Arzt. Offenbar habe ich mich mit dem Corona Virus infiziert. Er hat mir entsprechend Tropfen verschrieben, welche die Symptome linden sollen. Auf der Verpackung steht, dass ich täglich fünf Tropfen in warmen Wasser nehmen muss!"

Ein Jugendlicher vermutet eine Corona Infektion bei sich. Seine Mutter rät ihm, sofort zum Arzt zu gehen, was er auch macht. Dort angekommen fragt der Arzt: „Na, mein Junge, wie ist denn dein Name?" Antwortet dieser: „Peter Müller, Doktor.".

Darauf der Arzt: „Respektvoller klingt es aber mit Herr, junger Mann!".

Erwidert der junge: „Na gut, Doktor, dann also Herr Peter Müller!"

Wieso sollten wir Angst vor dem Corona Virus haben? Da vertraue ich voll auf unseren Gesundheitsminister. Er ist ja schließlich gelernter Bankkaufmann, das wird schon seinen Grund haben.

Der Patient mit der Corona Infektion, kommt zwecks Kontrolluntersuchung zum Arzt. Er beschwert sich bei diesem: „Also Herr Doktor, dieses Zäpfchen mit diesem antiviralen Wirkstoff schmeckt einfach widerwärtig. Ich habe es kaum runter bekommen!"
Darauf der Arzt: „Um Gottes Willen, sie haben es doch nicht etwa gegessen?" Erwidert der Patient empört: „Wie? Was hätte ich denn sonst damit machen sollen? Etwa mir hinten reinschieben?"

Ein Landarzt brettert mit seinem Sportwagen mit 180 Sachen durch das Dorf. Meint seine Frau: „Du fährst viel zu schnell! Nicht dass dich noch der Polizist anhält!" Antwortet der Arzt: „Kein Grund zur Sorge meine Liebe, den habe ich gestern wegen seiner Corona Infektion zwei Wochen strikte Bettruhe verschrieben."

Ein Mann fühlt sich schwach und elend. Er denkt, dass er sich vielleicht mit dem Corona Virus angesteckt hat. In seiner Benommenheit fragt er den nächstbesten Passanten:

„Wissen sie, wie ich am schnellsten ins Krankenhaus komme?". Antwortet dieser:

„Aber natürlich. Sie müssen einfach nur mit verschlossenen Augen die Hauptstraße überqueren. Dann kommt ein Krankenwagen und wird sie mit Blaulicht und Eiltempo ins nächste Krankenhaus transportieren."

Die Patientin, die sich mit dem Corona Virus infiziert hat ist wieder beim Arzt.

Arzt: „Also ihr Husten hat sich doch deutlich verbessert."

Patientin: „Ich übe ja auch Tag und Nacht."

**Ich lass mich vom Corina Virus nicht verrückt machen.
Habe nur mein Outfit etwas angepasst:**

1. Das Corona Virus wird durch Alkohol
   getötet.

2. Politiker sind größtenteils immun
   gegen das Virus.

Die Patientin erzählt dem Arzt, dass sie seit zwei Wochen unter den typischen Symptomen einer Corona Infektion leidet. Der Arzt untersucht sie eingehend und sagt dann: „Sie sind gerade noch rechtzeitig zu mir gekommen."

Fragt die Patientin: „Das hört sich aber sehr schlimm an."

Antwortet der Arzt: „Nein, aber wären sie morgen gekommen, würden sie wahrscheinlich gar keine Symptome mehr aufweisen."

Der Patient ist nervös. Es wurde eine Infektion mit dem Corona Virus bei ihm diagnostiziert.

Der Arzt spricht zu ihm: „Nur keine Sorge. Wir haben dieses Antivirus Mittel jetzt schon bei bestimmt über vierzig Personen angewendet. Bei irgendeinem muss es ja mal wirken."

Ein Patient ist nach schwerer Corona Infektion verstorben. Die Krankenschwester füllt den Totenschein aus. Der Stationsarzt wirft einen Blick drauf und sagt: „Bitte konzentrieren sie sich besser, wenn sie das Formular ausfüllen. Sie haben schon wieder den Namen des behandelnden Arztes in das Feld für Todesursache geschrieben!"

Der Patient fühlt sich schlecht und vermutet, dass er sich mit dem Corona Virus angesteckt hat. Der Arzt untersucht ihn kurz und sagt: „Sie scheinen vollkommen gesund zu sein. Aber wenn sie es wünschen, können wir noch intensive Tests mit ihnen machen, dann werden wir schon irgendetwas finden."

Was gegen das Corona Virus hilft?
Täglich fünf Knoblauchzehen essen.
Warum?
Es hat zwar keine direkte Wirkung auf das Virus, aber andere Personen werden ab sofort einen großen Bogen um dich machen, mit mindestens drei Metern Abstand!

Und Moses sprach: „Ich habe das Corona Virus."
und das Meer so:

Die Welt sollte sich ein Beispiel nehmen, wie wir Deutschen uns vor dem Corona Virus schützen.
Wir ignorieren ihn einfach nach dem Motto „Tut mir leid, muss jetzt zur Arbeit, habe keine Zeit für so eine Corona Infektion."

Leben mit der Corona Virus Gefahr:
Ich begrüße jemanden Hände schüttelnd und frage höflich nach dem Namen. Dieser antwortet: „Ping Pong Chong".
Ich: hacke mir meinen Arm ab.

Deine Mutter kann sich nicht mit dem Corona Virus anstecken, denn das wäre unter dem Niveau des Virus, der hat ja auch seinen Stolz.

Weißt du, wie sich deine Mutter vor dem Corona Virus schützt?
Sie schüttet sich Actimel über den Kopf.

Wenn du zu den Personen gehörst, die die Menschen mehr hassen als das Virus, dann empfiehlt es sich den Mundschutz einfach über die Augen, statt über den Mund zu ziehen.

Die Krankenhäuser füllen sich Es werden mehr und mehr Corona Infizierte eingeliefert. Es geht drunter und drüber. Der Stationsarzt ruft der jungen und noch unerfahrenen Krankenschwester zu: „Haben sie dem Patient Nr. 18 das Blut abgenommen?" Antwortet die Krankenschwester: „Selbstverständlich, habe ich sofort gemacht. Aber mehr als sechs Liter waren nicht drin."

Andrea fühlt sich sehr schlecht und schleppt sich hustend zum Arzt, wo sie sofort untersucht wird.

Arzt: „Die Diagnose zeigt, dass sie sich mit dem Corona Virus infiziert haben. Wir werden sie sofort auf die Isolierstation einweisen und sie mit Toastbrotscheiben und Spiegeleiern ernähren."

Andrea: „Ist das eine bestimmte Essensdiät, mit der ich wieder gesund werde?"

Arzt: Nein, das nicht. Aber es sind die einzigen Nahrungsmittel, die wir haben, welche sich problemlos unter der Tür durchschieben lassen."

Treffen sich zwei Freundinnen auf der Straße. Fragt die eine: „Sag mal, hat dich das Corona Virus erwischt, du siehst so elend aus?" Antwortet die andere: „Nein, bin nur ungeschminkt."

Auf Peters Arbeitsstelle hat sich die Hälfte der Kollegen und Kolleginnen wegen einer Corona Infektion krankschreiben lassen. Nun ist auch Peter zum Arzt gegangen und spricht diesen an: „Ich brauche eine Bestätigung, dass ich mich mit dem Corona Virus infiziert habe und krank bin." Arzt: „Was fehlt ihnen denn?"
Peter: „Die Bestätigung zur Arbeitsunfähigkeit".

Der Patient liegt halb benommen von den vielen antiviralen Medikamenten, die er wegen seiner Corona Infektion nehmen musste in seinem Krankenhausbett. Der Oberarzt umringt von einer Traube von Ärzten steht um sein Bett herum und fachsimpelt in lateinischen Fachausdrücken. Der Patient versteht kein Wort und spricht den Oberarzt an „Herr Doktor, ich kann kein Wort von dem verstehen, was gesagt wird."

Oberarzt: „Na ja, an ihrer Stelle wäre es aber besser sich langsam an eine tote Sprache zu gewöhnen."

Der Stationsarzt zum Assistenzarzt: „Und wie ist die Operation bei dem Corona Infizierten verlaufen?"

Darauf der Assistenzarzt: „Operation? Ich hatte Obduktion verstanden!"

Die besorgte Tochter zum Arzt: „Mein Vater denkt, er sei mit dem Corona Virus infiziert, wie ist denn ihr Befund?"

Arzt: „Machen sie sich keine Sorgen. Ihrem Vater geht es bestens. Er bildet sich die Krankheit nur ein."

Am Folgetag fragt der Arzt nach dem Zustand des Vaters: „Und wie geht es ihrem Vater heute?" Antwortet die Tochter: „Nun bildet er sich ein, tot zu sein."

Der Patient leidet unter der Corona Infektion, die allerdings schon weitgehend abgeklungen ist. Der Arzt fragt: „Und haben sie noch weitere Symptome außer denen die sie mir schon gesagt haben?" Darauf der Patient: „Ja, jetzt habe ich auch noch starken Durchfall." Darauf fragt der Arzt: "Aha, und wann haben sie das gemerkt?" Antwortet der Patient: „Na, kurz bevor ich bei ihnen gekommen bin, als ich die Fahrradklammern von meinen Hosenbeinen entfernt habe."

Wie wird das Corona Virus im asiatischen Raum noch genannt?
Kung Flu

Wie heißt die neue angesagte Influenzerin?
Corona.

Der Arzt wird zu einem reichen Patienten gerufen, der unter einer fortgeschrittenen Corona Infektion leidet. Aber er kommt zu spät, der Patient ist bereits verstorben. Die Witwe ist betrübt und entschuldigt sich: „Entschuldigen sie vielmals, dass ich sie umsonst gerufen habe." Darauf erwidert der Arzt: „Vergebens ja, meine Dame, aber nicht umsonst."

Die junge hübsche Frau ist unsicher, ob sie sich eventuell mit dem Corona Virus infiziert hat. Sie geht deshalb zur Aufnahme ins Krankenhaus. Die Schwester nimmt die Daten auf und sagt dann zu ihr: „Sie können sich schon mal in den Raum 3 begeben und sich ins Bett legen. Der Herr Doktor wird sich dann gleich dazugesellen."

Eine reiche Patientin ist mit einer Corona Infektion ins Krankenhaus eingeliefert worden. Während ihres Aufenthalts und ihrer Behandlung ist die Patientin benommen und flüstert dem Arzt immer wieder zu: „Oh, Anton. Oh, Anton!". Als die Patientin wieder entlassen wird, meint noch der Arzt: „Und grüßen sie ihren Mann Anton von mir!". Erstaunt schaut die Patientin den Arzt an und sagt: „Woher ist ihnen denn unser Chauffeur bekannt?"

Mit der weiteren Verbreitung des Corona Virus haben die Medien empfohlen Hamsterkäufe zu machen. Natürlich hab ich mir gleiche mehrere dieser Tierchen gekauft. Aber was mach ich jetzt damit?

Der Patient leidet sehr unter den Symptomen seiner Corona Infektion und sieht recht mitgenommen aus. Da fragt der Arzt „Und wie steht es mit dem Schlaf? Wie viele Stunden schlafen sie denn täglich?" Darauf der Patient: „Nicht mehr als 2 Stunden!" sagt der Arzt: „Das ist viel zu wenig!" Darauf wieder der Patient: „Ach, das ist schon genug, denn ich schlafe ja fast 10 Stunden in der Nacht.".

Die Patientin leidet unter einer Corona Infektion. Der Arzt macht regelmäßig Kontrollbesuche. Heute ist er wieder bei ihr und misst ihren Puls. Da bemerkt der Arzt: „Ihr Puls geht aber sehr langsam heute". Darauf die Patientin: „Egal, ich habe Zeit."

Als Haustierbesitzer habe ich es nicht nötig Hamsterkäufe zu machen. Meine acht Katzen und drei Hunde sind prima für Gulasch. Die Schildkröte gibt eine tolle Schildkrötensuppe ab. Und hält der Engpass länger an, bleibt ja noch die Schwiegermutter, das reicht dann noch mal für 'n Monat länger.

Im Krankenhaus. Das Sport-As liegt mit einer Corona Infektion im Krankenbett. Die Visite beginnt und der Arzt misst die Temperatur. Ruft dieser erstaunt aus: „Meine Güte, sie haben ja 41 Grad Fieber!". Fragt der Sportler mit matter Stimme: „Ist das jetzt der Weltrekord oder wie viel Grad fehlen mir dafür noch?"

Die besorgte Mutter ist mit ihrem Sohn beim Arzt. Sie befürchtet ihr Sohn hat sich mit dem Corona Virus angesteckt. Der Arzt beginnt mit der Untersuchung und sagt zum Sohn: „So, nun strecke mir mal bitte ganz weit deine Zunge heraus!"
Darauf der Junge: „Das kenne ich schon und dann haust du mir eine runter!"

Was ist der Grund dafür, dass sich Chuck Norris nicht mit dem Corona Virus anstecken kann?
Die Viren haben Angst vor Chuck Norris.

War heute in der Bank. Drei Personen mit Mundschutzmaske vor dem Gesicht kamen hereingestürmt. Hab mich im ersten Moment echt erschrocken, aber es war dann doch nur ein Banküberfall. Gott sei dank!

Peter fühlt sich schlecht. Seine kleine Schwester macht sich Sorgen, dass sich ihr Bruder mit dem Corona Virus angesteckt haben könnte und ruft deshalb beim Arzt an.

Schwester: „Hallo Herr Doktor, kommen sie schnell, meinem Bruder geht es schlecht und er hat Fieber."

Arzt: „Ist es sehr hoch?"

Schwester: „Nein, gar nicht, nur ein paar Treppen, direkt im ersten Stock."

Corona Virus in den USA.

Bei einer Indianerin wurde der Corona Virus festgestellt. Was wurde gemacht?

Sie kam in Squawrantäne.

Ich bin keiner von denen, die sich verrückt machen lassen und wie wild Hamsterkäufe tun. Das ist vermutlich auch der Grund, warum ich einen qualvollen Hungertod sterben werde, da ich heute nicht gleich losgerannt bin, um 20 kg Nudeln, 30 kg Reis, zwei Paletten Trockenmilch etc. zu kaufen.

Anton plagen schwer die Corona Grippesymptome und er liegt hustend im Krankenhausbett. Da tritt plötzlich ein Mann heran und fragt: „Wie groß sind sie?"

Anton: „ein Meter und zweiundachtzig, Herr Doktor."

Mann: „Ich bin nicht der Doktor, ich bin der Schreiner."

Kein Platz im überfüllten Bus?

Einfach mal intensiv husten und sagen: „Verdammte Chinareise."

Ab der nächsten Station kann man sich im leeren Bus den Sitzplatz auswählen.

Was unsere Regierung machen wird, um der Corona Virus Situation Herr zu werden?

Ganz einfach, sie wird eine Corona-Steuer erheben und damit ist die Ausbreitung des Virus dann gestoppt!

Der Patient klagt unter massiven Hustenanfällen durch die Corona Infektion.

Nach intensiver Untersuchung sagt der Arzt zum Patient: „So, nun legen sie sich mal auf die Bahre."

Patient: „Wohin werden sie mich bringen, Herr Doktor?"

Arzt: „Ins Leichenschauhaus."

Patient: „Um Gottes Willen, ich bin doch gar nicht tot!"

Arzt: „Bis wir da sind schon."

Was macht bloß deine Mutter?

Sie klebt sich eine DVD mit einer Antivirussoftware vors Gesicht und denkt, sie wäre damit sicher vor dem Virus.

Ehrlich gesagt war ich schon immer ein Fan des 'Zuhausebleibens' und das, oh mein Gott, bevor es mit dem Corona Virus zum Megatrend wurde!

Eigentlich war ich ziemlich entspannt was das Corona Virus angeht, aber nachdem bekannt gegeben wurde, dass die deutsche Regierung alles im Griff hat bzgl. einer möglichen Corona Ausbreitung in Deutschland, habe ich langsam angefangen, Panik zu kriegen...!"

Das Krankenhaus ist mit dem Ansturm der Corona Infizierten gnadenlos überfordert. Es fehlt an Personal. In seiner Not wendet sich der Oberarzt zu einer Gruppe Medizinstudenten: „Wir suchen jemanden, der sich nicht scheut, Corona Infizierte zu betreuen, hart arbeitet und dabei nicht krank wird."

Meint ein Student aus der Gruppe: „Stellen sie mich ein, dann helfe ich ihnen so jemanden zu finden."

Herr von Witzleben ist beim Arzt, da er die typischen Symptome einer Corona Infektion aufweist. Nach der Untersuchung meint der Arzt: „Nehmen sie bitte das Rezept, was ich ihnen aufgeschrieben habe."

Antwortet Herr von Witzleben: „Oh vielen Dank! Sie kochen also auch so gern, Herr Doktor?"

# Fame in der Virenszene

Treffen sich zwei Freunde. Fragt der eine: „Und, ist bei deinem Bruder noch was von der Corona Infektion übriggeblieben?" Antwortet der andere: „Ja, seine Krankenschwester."

Corona? Nein danke, hab ich schon...

Bei der Schwesternprüfung. Der Arzt stellt die folgende Frage: „Es ist ein schöner, aber sehr heißer Sommertag. Plötzlich entdecken sie einen Mann, der sich kaum auf den Beinen halten kann und extrem hohes Fieber aufweist. Sie machen eine Schnelldiagnose und vermuten, dass er sich mit dem Corina Virus infiziert hat. Was machen sie als erstes?"

Die angehende Schwester antwortet aufgeregt: „Ich zieh ihn in den Schatten und mache ihn kalt!"

Der Patient hat sich mit dem Corona Virus infiziert und liegt zur Untersuchung im Krankenhaus. Der behandelnde Arzt spricht zu ihm: „Machen sie sich keine Gedanken, in ein bis zwei Wochen sind sie wieder draußen, auf die eine oder andere Art."

Ein AfD Abgeordneter hat angesichts der typischen Übertragungswege vom Virus vorgeschlagen, sich bei der Begrüßung nicht mehr die Hände zu schütteln, sondern stattdessen den Arm nach vorne und hoch in die Luft zu strecken.

Ein Mann kommt zum Arzt und erzählt ihm von den Corona Grippesymptomen, die er seit ein paar Tagen hat. Daraufhin untersucht ihn der Arzt und teilt dem Mann seinen Befund mit:

„Sie haben keine Corona Infektion. Dies ist ein klarer Fall von Hypochondrie."

Darauf der Mann: „Sehr gut, und meine Frau sagt immer, dass ich mir die Krankheiten nur einbilde."

Wie gut dass wir es nur mit einem Corona Virus zu tun haben. Man stelle sich mal vor, der Virus wäre von Oettinger zusammengebraut worden!

John Lennon würde heute eine Mundschutzmaske tragen!

Und nun für viele ein ganz neuer Hinweis:
Zur Vermeidung einer Ansteckung mit dem Corona Virus bitte Hände waschen nach dem Toilettengang!

Der Arzt zum Patienten: „Also, der Befund sagt eindeutig, dass sie sich mit dem Corona Virus infiziert haben. Die Infektion hat bereits alle ihre Organe befallen. Es gibt jedoch eine Möglichkeit, sie mit einer neuartigen riskanten Behandlung zu retten. Diese erfordert allerdings viele intensive operative Eingriffe."

Sagt der Patient: „Oh Gott, ich muss mich also zwischen Tod und zahlreichen Operationen entscheiden?"

Antwortet der Arzt: „Sie könnten auch beides haben."

Brandaktuelle Nachrichten:
Alkohol tötet das Coronavirus

Alle Alkoholiker atmen auf. Jetzt macht alles einen Sinn!

Patient: „Hallo Herr Doktor, ich glaube ich habe mich mit dem Corona Virus angesteckt, aber keinem dem ich das erzähle, nimmt mich ernst."
Arzt: „Sie scherzen."

Die Freundin von Max kommt ihn in seiner Wohnung besuchen und findet ihren Freund Pizza essend im Bett vor.

Freundin: „Mensch Max, du liegst mit fast 41 Grad Fieber und einer Corona Infektion im Bett und isst so was Ungesundes wie Pizza?"

Max: „Mein Arzt hat mir diese Pizza verschrieben!"

Freundin: „Welchen Arzt meinst du?"

Max: „Na, den Dr. Oetker!"

Der Hersteller des 'Corona Extra' Biers hat sich aufgrund der Namensassoziation zum Corona Virus entschlossen, sein Bier umzubenennen. Es wird ab sofort unter dem Namen 'Ebola Extra' vertrieben.

Nach Auftreten erster grippeähnlicher Symptome am Mittagstisch, wurde Peter kurzerhand von seiner Frau im Garten unter Quarantäne gesetzt.

Was ist pervers?
Wenn mit dem Corona Virus Infizierte ein T-Shirt tragen mit der Aufschrift 'Love is in the air'.

Patient: „Herr Doktor, glauben sie wirklich, dass sie mir mit meiner Corona Infektion helfen können?"

Arzt: „Ich werde ihnen jetzt einige Moorbäder verschreiben."

Patient: „Und damit werde ich die Corona Viren los?"

Arzt: „Nein, aber es hilft ihnen schon mal, sich an die feuchte Erde zu gewöhnen."

Genug von der Menschenenge und dem Gedränge, insbesondere in Supermärkten, auf Konzerten oder Kaufhäusern? Einfach das trendige „Hard Rock Cafe – Wuhan" T-Shirt bestellen und anziehen.

**Corona Lisa**

Und da war auch noch der Aufruf unter dem Motto: Zusammenstehen gegen das Virus;
„Hand in Hand gegen das Corona Virus: Menschenkette am kommenden Samstag"

Dem Patienten geht es nicht besonders gut. Er hat eine rote Nase, fühlt sich fiebrig und spricht etwas benommen. Da wendet er sich an den Arzt:

„Nun Herr Doktor, denken sie, dass ich mich mit dem Corona Virus infiziert habe?"

Darauf der Arzt: „Ich weiß es nicht, eventuell liegt es auch am Alkohol?"

Erwidert der Patient: „Okay, dann komme ich morgen wieder, wenn sie wieder nüchtern sind."

Ich glaube nicht, dass das Corona Virus lange existieren wird. Es ist ja schließlich „Made in China". Stellt euch mal vor es wäre original „Made in Germany"!

Beim Kauf eines Mundschutzes sollten man genauestens darauf achten welche Maske man kauft, ansonsten könnte es zu Missverständnissen auf der Straße kommen:

Mundschutz
(für Corona)

Mundschutz
(für Corinna)

Neben dem Corona Virus gibt es jetzt noch ein weiteres Virus, nämlich das Berliner Kindl-Virus. Erste Opfer in Berlin.

Der strenge Chef, der permanent seine Mitarbeiter zur Arbeit antreibt, hat sich mit dem Corona Virus infiziert. Seine Frau ruft seine Sekretärin im Geschäft an und sagt:

„Mein Mann hat sich mit dem Corona Virus angesteckt und liegt krank im Bett. Er kann heute nicht zur Arbeit kommen und sie können sich ja vorstellen, in welcher Stimmung er dadurch ist."

Antwortet die Sekretärin: „Oh, die armen Corona-Viren!"

Was macht ein Heilpraktiker, der sich mit dem Corona Virus infiziert hat?
Er geht zu einem Arzt.

Chuck Norris fürchtet sich nicht vor dem Corona Virus. Vielmehr lässt sich das Corona Virus gegen Chuck Norris impfen.

Wissenschaftler spekulieren gerade wie alt das Corona Virus tatsächlich ist. Derzeit gibt es Theorien darüber ob die Dinosaurier nun durch Erkältungsviren oder durch eine Frühform des Corona Virus ausgestorben sind.

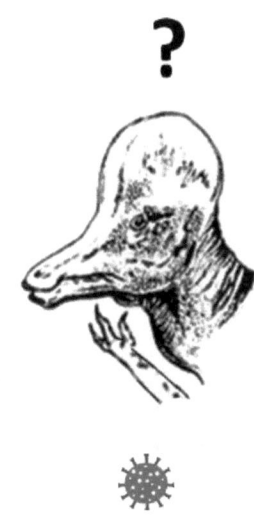

Ich habe keine Angst vor dem Corona Virus! Überhaupt nicht!

Wovor ich Angst habe, ist in Quarantäne zu kommen und zwei Wochen zusammen mit meinen Kollegen eingesperrt zu sein.

Ein Mann ist beim Arzt da er sich mit dem Corona Virus infiziert hat und unter Schlaflosigkeit leidet. Fragt der Arzt: „Und wie geht es ihnen? Klingen die Symptome der Infektion langsam ab?" Darauf der Patient: „Der Husten ist besser geworden, aber die Schlaflosigkeit hat zugenommen. Jetzt kann ich nicht mal mehr schlafen, wenn der Wecker klingelt, um aufzustehen."

Das Virus breitet sich wirklich in alle Bevölkerungsgruppen aus. Meine Oma zum Beispiel ist jetzt ganz begeistert in ihrer Singgruppe aktiv. Ich denke sie hat das Chor-Oma-Virus.

Das Corona
Virus wie die
Medien ihn sehen

Das Corona
Virus wie es
wirklich ist

Männer, die in Ermangelung einer Mundschutzmaske sich den Slip ihrer Freundin vors Gesicht binden, sollten darauf achten, dass dieser unbenutzt ist.

## Neue Bücher von Brian Gagg:

- Fakten über Corona & Co
  Das Corona Wortesuchrätselbuch

- Gruß aus der Quarantäne
  Das Corona Postkartenbuch

- Malerische Corona Perspektiven
  Das virulente Ausmalbuch

Weitere Bücher von Brian Gagg siehe Folgeseite

## Fortnite Battle Royale Bücher:

**Das inoffizielle Quizbuch für Battle Royale Fans**
Das QUIZBUCH mit vielen spannenden Fragen zu BATTLE ROYALE ist endlich da! Wie gut kennst du das Game? Addiere deine erreichten Punkte und lies deinen Expertengrad an der Skala ab.

**Das Mathe Ausmalbuch für Battle Royale Fans**
Es erwarten dich 34 Ausmalbilder mit Figuren aus Battle Royale wie z.B. E.L.F oder Cuddle Team Leader.
Löse die Matheaufgaben (Einmaleins) in jedem Kästchen und nutze den Farbschlüssel um die Farbe des Quadrats zu bestimmen.

**Das inoffizielle Witzebuch Battle Royale Fans**
Vollgepackt mit zahlreichen Bildwitzen, lustigen Sprüchen und abgedrehten Witzen rund um das Thema Battle Royale, bietet dieses Buch viel Stoff zum Ablachen, Schmunzeln und zum Weitererzählen.

**Wortsuchrätsel für Battle Royale Fans**
Das Buch enthält viele spannende Wortsuchrätsel zu Battle Royale. Damit kannst du den Battle Royale Flair jederzeit genießen sogar wenn du nicht gerade spielst.

**Das Ausmalbuch für Battle Royale Fans**
Das Buch enthält 19 fantastische Kunst-werke zum Ausmalen, die u.a. actiongeladene Szenen und kampf-taktische Momente aus Sicht des Spielers zeigen.

## Minecraft Bücher:

**Im AUSMALBUCH für Minecraft Fans** erwarten dich über 25 Ausmalbilder mit kindgerechten und beliebten Motiven und Figuren aus Minecraft, wie z.B. Steve oder Enderman.

**Das QUIZBUCH für Minecraft Fans** weist viele interessante Fragen rund um das Thema Minecraft auf mit Lösungen zum Nachdenken oder einfach zum Raten!

**Im BLEISTIFTSPIELE-BUCH für Minecraft Fans** findest du mehr als 20 spannende Spiele die mit Blei- oder Buntstiften für 1 bis 2 Personen zu spielen sind.

**Das RÄTSELBUCH für Minecraft Fans** beinhaltet logische Denkrätsel inspiriert durch Minecraft sowie viele Ausmalbilder.

**Im ENGLISCH ÜBUNGSBUCH für Minecraft Fans** gibt es viele Spiele, Rätsel und Ausmalbilder welche für Kinder im 1./2. Englischlernjahr (i.d.R. 3./4. Klasse) geeignet sind.

**Das WITZEBUCH für Minecraft Fans** enthält viele Bilderwitze, lustige Sprüche, Scherzfragen und abgedrehte Kurzwitze rund um das Thema Minecraft.

**Das SCHERZFRAGEN-BUCH für Minecraft Fans** enthält viele witzige Scherzfragen rund um das Thema Minecraft mit lustigen Antworten zum Schmunzeln und Ablachen!

**Im MATHE AUSMALBUCH für Minecraft Fans** erwarten dich 35 Einmaleins Ausmalbilder (für 1. und 2. Klasse) mit Figuren rund um das Thema Superhelden.

**Im MATHE AUSMALBUCH für Minecraft Fans** erwarten dich 35 Einmaleins Ausmalbilder (für 1. und 2. Klasse) mit Figuren rund um das Thema Minecraft.

**Das AKTIVITÄTSBUCH für Minecraft Fans** hat viele spannende Spiele wie Labyrinthe, Wortsuchspiele, Bildervergleiche, Pixel sowie Punkt-zu-Punkt Ausmalbilder zu bieten.